AF242402

UNE
ÉCHÉANCE NATIONALE

PAR

UN LIGUEUR DE LA GUERRE

« Malheureusement pour lui et pour nous,
« Napoléon a perdu notre grandeur; mais il
« nous a laissé la gloire, qui est la grandeur
« morale *et ramène avec le temps la grandeur*
« *matérielle.* »

THIERS, *le Consulat et l'Empire*, t. XX, p. 793.

PARIS

E. DENTU, LIBRAIRE-ÉDITEUR

PALAIS-ROYAL, 17 ET 19, GALERIE D'ORLÉANS

—

1868

UNE ÉCHÉANCE NATIONALE

I

Un Napoléon, porté sur le trône par la voix du suffrage universel, ne pouvait recevoir que l'accueil soupçonneux de l'Europe, et le contact direct de ce grand nom avec les masses populaires devait fatalement produire une commotion électrique chez tous les peuples. Ce fut donc pour répondre à ce frémissement instinctif des nationalités que Napoléon III résumait son programme dans ces mots : « *l'Empire, c'est la paix* », et consacrait *l'oubli* des malheurs de la France, en ne donnant à ce mot que la valeur d'un souvenir sans amertume et sans retour, mais non pas sans expérience : l'éclat seul du nom devait jeter des ombres sur la loyauté du programme et sur la grandeur de son exécution.

Les cabinets, en effet, éclairés par la connaissance personnelle d'un Souverain dont le haut esprit philosophique et pratique primait l'humeur guerrière, acceptèrent bientôt, sans arrière-pensée, la devise du secon

Empire. Mais les peuples, au contraire, imprégnés des souvenirs tenaces des occupations militaires du premier Empire, ne lui opposèrent qu'une défiante incrédulité. Les susceptibilités éveillées contre notre diplomatie chaque fois que son action s'est portée au delà du Rhin, les amertumes qui ont abreuvé la politique française, n'ont leur source que dans ce sentiment des peuples, habilement exploité par les cabinets : récompense imméritée d'efforts généreux qui ne devaient pas même reculer devant la grandiose utopie des congrès !

Depuis le second Empire, trois grandes guerres ont mis en présence les armées européennes. Dans les deux où la France a été engagée, les intérêts compromis de l'équilibre continental ont seuls dicté ses résolutions, et sa diplomatie a toujours abrité la responsabilité de l'initiative personnelle, en la couvrant, chaque fois, du drapeau de l'action collective.

L'ambition de la Russie succombait, en effet, sous la coalition de quatre puissances, et le succès de nos armes, ainsi que nos sacrifices, n'avait de compensation que dans la conquête de l'ascendant perdu.

L'influence de la maison d'Autriche, qui avait réduit déjà les Duchés et Naples à l'état de *grands fiefs*, était à la veille de s'asseoir jusqu'aux pieds des Alpes. La guerre d'Italie naquit donc du double choc de l'équilibre compromis et de la séculaire ambition de la maison de Savoie, appuyée cette fois par l'intérêt français. Si la politique française était entraînée depuis dans l'orbite des intérêts italiens, l'Autriche, après la guerre, occupait cependant toujours sa grande position ; et la France, rentrant dans ses frontières naturelles du midi, s'assurait au moins une légitime garantie contre les retours de la politique.

Bien loin d'être provocatrice, la France, dans ces deux guerres, subissait donc la force des événements. La dernière la surprenait même sur un pied militaire d'une infériorité si téméraire, que l'appel au pays l'eût seul mise en mesure de répondre à des provocations sur le Rhin.

Quant aux expéditions lointaines, des insultes au pavillon, la sécurité de nos nationaux, les ont toutes provoquées.

Pour les juger froidement, il ne faut jamais oublier que dans les contrées plus ou moins réfractaires à la civilisation européenne, la politique internationale ne repose, encore aujourd'hui, que sur le prestige de la force. L'influence d'une nation n'est alors que proportionnelle à la crainte qu'elle inspire, et la nationalité du citoyen demeure le seul bouclier qui le défende. Cet axiome de la politique des grands pays a toujours trouvé partout sa consécration pratique, et le gouvernement le plus systématiquement pacifique n'a pas même cherché à se soustraire à l'imprévu des injures, dont la réparation, dans nos annales, répond aux noms de *Lisbonne, Mogador, Obligado, Saint-Jean-d'Ulloa*.

La République, depuis lors, hésitait-elle à châtier à *Salé* les insolences du Maroc ? Non ; et lorsque, quelques mois après, un attentat sanglant, commis dans les mêmes eaux envers la Prusse, restait presque impuni, comment le Maroc n'aurait-il pas mesuré aux châtiments la puissance inégale des insultés et le prestige de leurs drapeaux ! (1)

Sous le second Empire les campagnes de Chine, Syrie, Cochinchine, et du Mexique même, n'ont toutes été provoquées que par des insultes qu'un grand peuple ne saurait souffrir sans abdiquer. Cette intervention forcée était récompensée dans l'extrême Orient par une influence désormais assise sur de riches colonies : au Mexique seul, après le triomphe de nos armes, une illusion politique voilait la fortune de la France. Mais la sagesse absolue ne saurait être le monopole exclusif ni des peuples, ni des monarques, ni des assemblées, et le partage des responsabilités est inscrit déjà dans l'impartiale histoire.

La guerre d'Allemagne devait enfin produire les dernières conséquences de ce programme pacifique, si religieusement observé qu'il avait coûté jusqu'à l'abandon du Danemark. Cette seule fois, sous le second Empire, l'Europe assistait de fait à une guerre de conquêtes dans *la plus large acception du mot.* Mais, si ces résultats de la victoire pouvaient laisser indifférents et l'Angleterre et la Russie, ils atteignaient profondément la France en bouleversant, à son préjudice exclusif, l'équilibre des

(1) En 1853, l'équipage du canot d'une frégate *prussienne* était traîtreusement attaqué à terre et contraint de se rembarquer. Le prince *Adalbert* fut blessé dans cette rencontre, et après une canonnade sans objet comme sans résultat le pavillon prussien disparaissait à l'horizon pour ne plus revenir.

forces continentales. Aussi, pour subir l'incident du Luxembourg, ne lui fallut-il rien moins que ce rendez-vous pacifique de tous les peuples, que couvrait son drapeau, et cette fête de la civilisation, qui s'inaugurait sous le râle de la paix, restera pour la postérité l'oraison funèbre d'une politique que les hommes bien plus que les événements devaient frapper d'impuissance.

L'Empire, c'est la paix, a donc été l'expression loyale d'une volonté que des paradoxes intéressés peuvent seuls tenter de dénaturer, et l'absence sur le Rhin d'un camp qui eût peut-être paralysé la révolution militaire qui se préparait, atteste éloquemment la sincérité du programme. Aujourd'hui, la politique française est brusquement ramenée sur le terrain pratique des intérêts et des passions. Mais, devant la formule définitive qui doit se dégager de l'avenir, c'est avec le seul flambeau de la tradition qu'elle peut éclairer la responsabilité historique qui pèse désormais sur elle.

II

L'histoire témoigne des efforts de tous nos rois pour regagner les frontières naturelles, perdues par le traité de Verdun, et de la persévérance des *Capétiens*, dans leur mission dynastique, à revendiquer par les armes, par les alliances, par les achats, nos défenses militaires. L'esprit aventureux de nos aïeux se prêtait mer veilleusement aux calculs d'une politique froidement poursuivie. Mais, victorieuses et repoussées tour à tour, les armées de la monarchie ne purent accomplir jusqu'au bout cette *conception royale* : les armes républicaines seules devaient couronner l'*œuvre nationale*.

La politique traditionnelle de la France, dans ses luttes depuis dix siècles, a donc été d'asseoir, des Pyrénées aux Alpes et au Rhin, l'unité nationale. Mais, pour cette nationalité guerrière, alors même que les événements l'emportaient triomphalement hors de chez elle, le goût des armes n'a jamais été doublé de l'esprit de conquêtes. Le passé, le présent surtout, n'affirment-ils pas que de toutes les races européennes la race gauloise est la moins conquérante, et que l'originalité de son tempérament belliqueux, cloué au sol par l'invincible amour du clocher, l'a toujours rendu réfractaire à l'*émigration* et impropre à la *colonisation*, seules grandes ailes capables de porter le génie de la conquête !

Aussi, au point de vue matériel, la force centrale de la France est-elle énorme pendant que sa force expansive est relativement nulle.

La politique prussienne, au contraire, s'adaptant aux mœurs et au caractère d'une race susceptible d'une rare puissance d'assimilation et d'une force expansive considérable, a constamment nourri le goût des armes par la conquête. En dehors du domaine originel de l'ancien Brandebourg, la Prusse se composait, en effet, d'un lambeau de la Pologne, d'une province volée à l'Autriche, d'un morceau pris à la Saxe, d'un fragment de la Westphalie, et de ces provinces rhénanes, enfin, qui ne lui ont été données que pour la mettre à nos portes..... Depuis Sadowa, on sait ce qu'elle est devenue; et cependant Sadowa n'est encore qu'une aire passagère pour cet aigle à deux têtes impétueusement lancé dans le monde il y a cent vingt-huit ans seulement.

Tels sont les caractères tranchés qui séparent les deux monarchies guerrières, la France et la Prusse, aujourd'hui face à face : caractères qui rendent illusoire tout accord entre elles, tant que la France, privée de garanties matérielles, restera sous le coup de l'une de ces paix léonines qui ne sont que la consécration passagère du droit du plus fort.

La Confédération germanique sortie des traités de 1815, la France rejetée de ses frontières naturelles, n'étaient que le produit d'une diplomatie dominée par l'écrasant souvenir de l'épopée impériale. Le Congrès de Vienne se trouvait, en effet, dans l'impuissance morale de créer une configuration géographique et politique vraiment viable. Aussi, que reste-t-il aujourd'hui comme dernière épave du naufrage de son laborieux travail? Notre frontière du *nord-est* ouverte, en face d'une monarchie dont le caractère, essentiellement agressif, est tout différent de celui de l'Autriche.

Appuyée sur la neutralité belge et sur l'existence d'une confédération qui se prêtait difficilement à l'offensive, la vulnérabilité de cette frontière n'était que relative; elle permettait encore à la France une liberté d'allures à peu près absolue dans sa diplomatie ou dans ses guerres.

Il n'en est plus de même aujourd'hui, et la politique française ne saurait se mouvoir désormais sans traîner avec elle le poids des soucis que le souvenir de deux invasions ne peut que raviver douloureusement.

Aussi sa grandeur, sa prospérité et sa sécurité se trouvent-elles en présence de ce dilemme inflexible : « *Désarmement* avec les frontières de 1814, que, malgré l'enivrement de la victoire, les alliés eux-mêmes avaient reconnues nécessaires aux vaincus; ou *la conquête* de cette défense, que l'agrandissement de la Prusse a rendue pour la France une nécessité de premier ordre. »

Il y a trois espèces de frontières : les frontières *naturelles*, les frontières *artificielles* et celles que l'on pourrait peut-être désigner par frontières *personnelles*.

Les frontières naturelles sont les obstacles mêmes de la nature, dont les avantages sont exclusifs à la défense : *Dumouriez* dans *l'Argonne*, *Lecourbe* dans *les Vosges*, *Brune* dans *les Alpes*, en affirmaient victorieusement l'importance. Les montagnes seules offrent ces conditions; aussi, certaine école politique de l'Allemagne ne craint-elle pas d'affirmer publiquement qu'il faut rejeter la France au delà des Vosges (1).

---

(1) M. *Shweiser* au Parlement de l'Allemagne. — Sans y attacher trop d'importance, mais comme symptôme de la situation, notons cette tendance des Allemands à devenir offensifs quand ils le jugeront possible, tendance qui se produit déjà par des manifestations qui ne peuvent rester sans écho. A Tivoli, au banquet des députés libéraux, le président ne proclamait-il pas, au milieu des applaudissements : « *Ce qui nous sépare, c'est le Mein, ce qui nous unira, ce sera le Rhin.* » Enfin, les paroles plus graves du prince de Hohenlohe, dont l'ironie blessante ne déguisait qu'une provocation indirecte.

Les frontières artificielles reposent sur des places fortes, des camps retranchés, sur des obstacles, enfin, créés par la seule main de l'homme. Base d'opération excellente pour une armée marchant en avant, des forteresses n'ont jamais inquiété l'ennemi victorieux passant entre elles pour marcher sur une capitale ou sur une armée en retraite. — Les camps retranchés ne permettent pas, il est vrai, à l'agresseur le choix du champ de bataille, mais ils peuvent amener toutes les conséquences d'une action décisive (1).

Il y a enfin ce que l'on peut appeler les frontières *personnelles*, c'est-à-dire l'organisation permanente d'une armée formidable, prête à se jeter, comme un mur vivant, en face de l'invasion.

Les frontières naturelles, on l'a déjà jugé, sont les seules défenses que l'art puisse, sans grands frais, rendre sérieusement efficaces. — Les frontières artificielles présentent des charges en présence d'avantages problématiques, quand la liaison et la combinaison des obstacles ne constituent pas soit l'ancien quadrilatère autrichien, soit ce *pré carré* de Vauban qu'il appelait si justement sa *frontière de fer*. — Quant aux frontières dites *personnelles*, l'enthousiasme d'un peuple menacé peut les produire, mais elles ne sauraient constituer une défense normale sans amener l'énervement des forces productives de la nationalité la plus prospère.

Or, devant les faits accomplis deux voies étaient

(1) Denain.

ouvertes au gouvernement : le *statu quo* militaire, qui, à l'heure d'une crise soudaine, livrait peut-être le salut de la France à l'appel en masse, *ou* l'augmentation rapide de sa puissance, au double point de vue du personnel et du matériel ; c'est-à-dire la combinaison impérieuse, mais coûteuse, des frontières artificielles et des frontières *dites* personnelles.

Le contre-coup de Sadowa condamnait donc la France à un plus grand effort pour défendre un même terrain. L'effort est aujourd'hui produit. Seulement, la sagesse politique ne saurait admettre que ce développement d'un appareil militaire, nécessité par les plus légitimes préoccupations, ne soit désormais consacré qu'à la seule garde de cette ligne qui s'étend de Strasbourg à Thionville : cette frontière, que sa proximité de la capitale rend doublement importante, est, en effet, la seule ouverte depuis que le système défensif de Vauban a été détruit en 1815. L'organisation actuelle des forces de la France et de la Prusse rend d'ailleurs illusoire tout désarmement. Avec la vapeur et l'électricité, les fusils en faisceau peuvent être repris demain par des armées qui travaillaient hier aux champs, et la solution qui s'impose aujourd'hui, même par les armes, c'est, on l'a dit avant nous, le désarmement des questions. Or, après les questions de Pologne et d'Orient, qui ont un caractère européen, Sadowa a soulevé la question *allemande*, question qui touche directement la sûreté de la France, et qui rend impérieuse, aujourd'hui, la possession de cette frontière artificielle que les traités de 1815 ont brisée.

Il y a dans la vie des peuples des heures qui sonnent leur grandeur ou leur déchéance, et pour nous cette heure est venue. La France doit aujourd'hui poser nettement la question en forçant la Prusse à abandonner cette tactique, qui, au point de vue des faits mais non du langage, semble provisoirement vouloir se maintenir dans une réserve intéressée.

On peut, en effet, au point de vue prussien, donner le nom de *sage* politique à ce vote du Parlement douanier qui, par 180 voix contre 150, *bridait* seulement des impatiences; au point de vue français, cette sagesse, c'est le plus grave péril de la situation. Qu'importe aussi que le roi Guillaume veuille bien admettre un contingent *hessois* à l'honneur de partager la défense de Mayence, si, en réalité, la Prusse, seule, tient en main la garde de l'épée?

Les vrais maux sortent des faux biens, et la paix défiante et lourde n'est que l'un d'eux. Aussi, le cercle qui étreint la politique française se resserre-t-il chaque jour davantage et ne lui laisse-t-il désormais le choix d'aucun tempérament entre ces deux termes extrêmes : « *les frontières de* 1814 ou *la guerre* pour les obtenir. »

Des subtilités de plume, des théories sociales spécieusement défendues, ou la parole de l'orateur, peuvent offrir encore à certains intérêts le mirage décevant d'une politique empirique, essentiellement viagère. Mais tout homme d'État vraiment digne de ce nom ne consentirait à accepter comme une solution le *statu quo* actuel. Rien n'est plus périlleux que d'endormir des questions qui intéressent la vitalité d'un peuple, quand l'heure d'un réveil certain est marquée par la Providence; car ce qui n'est que difficile aujourd'hui peut, en effet, devenir presque impossible demain. De pénibles expériences témoignent assez déjà du danger de n'attendre que des événements l'issue des difficultés qu'une nation n'a même plus le choix d'éluder ou d'ajourner.

Les spectateurs de toutes les révolutions en sont souvent les victimes et portent toujours le bagage des vainqueurs. La France, spectatrice morose d'une commotion européenne qui lui lègue un héritage que sa dignité et ses intérêts lui défendent d'accepter, proteste aujourd'hui.

Deux courants contraires se disputent, en effet, l'opinion : celui de la guerre et celui de la paix. S'il est difficile d'apprécier leur puissance respective, on peut affirmer que du côté de la guerre se sont jetés aujourd'hui tous les intérêts qui habituellement inclinent vers la paix systématique, mais qui, ne pouvant vivre qu'avec la sécurité relative de l'avenir, demeurent frappés d'anémie en attendant le dénoûment d'une crise qu'ils regardent comme inévitable. A cette classe de l'opinion vient se joindre ce groupe considérable qui ne juge la politique générale et le gouvernement que par les faits, et qui puise dans l'orgueil froissé les aliments nouveaux d'une critique malveillante et intéressée. — Il y a enfin l'armée, qui croit son prestige amoindri; l'armée, qui, dans un pays de suffrage universel, ne saurait plus être considérée comme un instrument gouvernemental plus ou moins coûteux. Dans une lettre fameuse datée de la *Spezzia*, un prince la proclamait alors le dernier refuge du patriotisme, et ce beau mot d'*honneur*, resté, surtout dans cette armée, pur de tout sophisme, demeure toujours pour elle cet inappréciable mobile qui fait produire à l'amour-propre les effets de la vertu. — Vouloir la condamner à un rôle purement passif n'est que le rêve d'une école politique, aussi inconséquente qu'utopiste, dont l'idéal ne tend à rien moins qu'à soumettre aux règles d'une vaste maison de commerce la grandeur nationale.

Si les populations rurales elles-mêmes, qui semblent exclusivement adonnées aux travaux de la paix, ne se préoccupent jamais des *points noirs*, c'est qu'elles sont loin d'avoir oublié qu'entre les mains d'un *Napoléon*, surtout, le prestige de la France ne saurait déchoir. Comme toutes les masses, ces populations, en effet, sont essentiellement conservatrices des traditions ; et si elles sont lentes à se laisser pénétrer par les idées, elles les conservent avec ténacité. Aussi, loin d'avoir perdu la mémoire des récits dont on a bercé leur enfance, ces campagnards, qui portaient au trône un *Prince* dont le nom est synonyme de gloire et de grandeur, ne pourraient, pas plus que leurs pères, rester froids et insensibles quand l'honneur national est en jeu. Qu'une étincelle enflamme l'atmosphère chargée d'électricité, et toutes les forces, aujourd'hui disciplinées, d'un patriotisme héréditaire, surtout dans les campagnes du *Nord* et de l'*Est*, assureront à la politique française le point d'appui du plus formidable levier qu'elle ait jamais eu, car il repose désormais sur l'harmonie militaire d'un peuple avec une armée.

Il n'est donc plus permis à Napoléon III d'attendre la fortune ; il faut cette fois qu'il marche avec confiance à sa rencontre. Sans ingratitude d'ailleurs il ne saurait douter de son accueil, car si la déesse réserve des sourires aux audacieux, elle n'accorde ses faveurs qu'aux hommes de génie qui savent à la fois distinguer l'*extraordinaire* de l'*impossible* et rester les auteurs et les modérateurs des mouvements des peuples.

La Prusse tomberait certainement dans une illusion pleine de périls si sa politique trop confiante ne s'appuyait que sur les polémiques d'une presse qui n'atteint et ne représente qu'une couche bien légère de l'opinion.

Cette grande société française, dominée par une démocratie ardente, ne saurait, en effet, pas plus que par le passé, se croire amoindrie. Sa nature originale et riche peut produire « *les ligueurs de la paix* » ; mais son tempérament nerveux, impatient et fier, se refuse même à envisager longtemps la perspective d'un danger douteux.— Pour elle il n'y a pas d'incident minime dès que son amour-propre paraît seulement engagé, et comme *Sheridan* après *Quiberon* il ne faut jamais qu'elle puisse dire : « *Le sang n'a pas coulé, mais l'honneur a coulé par tous les pores.* »

L'esprit public, les couches profondes de l'opinion surtout, accusent aujourd'hui deux impressions dont le gouvernement doit tenir un compte sérieux : d'une part, jalousie et irritation sourde contre la Prusse ; de l'autre, le pressentiment d'un duel inévitable avec elle dans un avenir prochain.

Aussi, en face de cette inquiétude qui s'est emparée de l'opinion et que nul pouvoir ne déracinerait aujourd'hui, l'heure des solennelles explications est imminente. Seulement, si dans l'ivresse de ses succès la Prusse veut en appeler de nouveau au sort des batailles, ce n'est pas une guerre politique comme celle d'Italie ou de Crimée qu'elle provoquera, mais une guerre nationale avec tous ses souvenirs et toutes ses colères.

III

L'étude de l'histoire affirme que les corps délibérants sont essentiellement réfractaires à l'action dont ils paralysent parfois l'immédiate nécessité. La responsabilité impersonnelle qui les couvre semble comprimer dans la politique internationale toute initiative.

Notre histoire n'offre qu'une exception, c'est la Convention.

Si cette assemblée, véritable colosse de pouvoir, sut cependant donner sa taille gigantesque à ses volontés, c'est qu'elle fut surtout dominée par un petit groupe d'individualités qu'une mutuelle terreur séparait d'ailleurs, et qui firent d'elle le monument le plus formidable de la concentration de tous les pouvoirs.

Seulement, envisagée au point de vue de l'élan qu'un peuple peut puiser aux sources d'un patriotisme ombrageux, mis sous la garde d'une assemblée, la Convention offre un tableau saisissant. Quelle force ne lui fallut-il pas, en effet, pour attacher à la cause encore obscure de la liberté ce million d'hommes qui combattirent sans récompense sous un drapeau alors sans illustration !

Si la Convention n'était qu'une image trop exclusive des couches sociales qui forment ces masses que le *sentiment* conduit et passionne, les Parlements, depuis, n'ont été que la représentation exclusive des seules classes cultivées et privilégiées, dont la force ne repose que sur le *calcul* et la *réflexion*.

Aussi, entre ces deux termes extrêmes, surtout en France, des tempéraments d'une nationalité, le pouvoir exécutif a-t-il une place magistrale tout indiquée pour rétablir l'équilibre entre les instincts et les *intérêts;* mais l'enseignement le plus frappant de notre histoire, c'est que les grands monarques furent précisément ceux qui firent pencher la balance en faveur des *instincts.*

Charles le Sage resterait presque oublié sans la renommée de son connétable *Duguesclin.* L'imprudent *Charles VIII* ramenant les débris de son héroïque armée excitait encore les transports d'un peuple toujours épris du merveilleux. En faveur *d'un mot*, la France dépeuplée osa-t-elle reprocher au prisonnier de *Pavie* d'avoir renié sa parole et violé les traités?... Non ; l'histoire entière affirme que la nation apprécia toujours moins les

souverains pacifiques par sagesse que les monarques téméraires par intérêt ou par calcul, mais dont les vaillantes
fureurs ou les faits chevaleresques surent grandir l'héritage de la gloire nationale. La France de *Louis XIV* ne se
plaignit pas de *Louvois*, mais seulement de *Colbert*, dont
elle insulta les cendres. Si *Louis XV* n'emporta dans la
tombe que le mépris, ce fut moins à cause de ses mœurs
qu'à cause du partage de la Pologne. L'infortuné *Louis XVI*
ne put se faire pardonner l'entrée des escadres russes
dans la Méditerranée et des TROUPES PRUSSIENNES à Amsterdam, et ce furent ces souvenirs qui donnèrent une si
grande force au parti de *Brissot*... La politique ultra-pacifique ne devait-elle pas enfin conduire tôt ou tard au
gouffre où elle a fait sombrer cette monarchie de 1830
qui avait eu l'imprudence de méconnaître en faveur *des
intérêts* les instincts d'une nationalité belliqueuse par
tempérament et guerrière par habitude ?

Si le premier Empire domine majestueusement
cette galerie historique, c'est que, dans son principe, jamais satisfaction plus vaste ne fut à la fois donnée aux
instincts et aux intérêts. Aussi la France contemporaine,
reconnaissante, n'a-t-elle pas voulu se souvenir que la balance se chargea plus tard du poids d'un génie qui, nouveau Marius, voulut soutenir seul l'effort des Cimbres, et
sauver un peuple avec une armée.... Ne fut-il pas enfin
providentiellement donné à Napoléon III de sentir battre
dans sa main le pouls de la France elle-même, ce jour où
les acclamations d'un peuple en délire lui faisaient cortége à son départ pour l'Italie ?

Les corps délibérants, au contraire, ont toujours systématiquement incliné vers la satisfaction des intérêts matériels. L'attitude de la chambre prussienne avant *Sadowa* est encore présente à toutes les mémoires, et le souvenir de l'incident *Pritchard* peut rester, en France, le dernier mot des hésitations dont les assemblées soient susceptibles en face de l'initiative.

Ce dualisme de sentiments créé entre un peuple et sa représentation politique par une appréciation différente du patriotisme impose donc parfois au pouvoir exécutif des apparences de pression qui sont de nature à troubler le jugement de l'étranger. Ce courant pacifique qui emporte toutes les assemblées a déjà rendu vacillante en 1866 la marche du gouvernement, mais il doit être aujourd'hui énergiquement dominé. Les discours entraînent les Parlements que l'absence de tout programme laisse flottants, mais il est des temps où les peuples restent indifférents, *même rebelles*, aux accents de l'éloquence, si ces accents ne sont pas fiers.

Qu'on ne l'oublie pas : la civilisation modifie les mœurs, elle prête à la physionomie des nations une teinte artificielle, mais elle est impuissante à modifier leur caractère et leur génie.

Nous ne sommes plus ces Francs dont parle *Tacite*, qui proclamaient dans leur morale publique « *qu'il y avait de la lâcheté à n'acquérir qu'à force de travaux et de sueurs ce qu'on peut avoir en un moment au prix de son sang.* » Mais de cette maxime barbare il nous reste encore le mépris de ce sang, dès que s'élève en nous ce sentiment exalté qui confond l'orgueil avec l'amour de la patrie.

La vie des peuples traversera toujours, d'ailleurs, des périodes où le sentiment patriotique semble sommeiller. Mais la France a toujours eu des sentinelles qui ont veillé avec un soin jaloux à la conservation du caractère national, et qui n'ont jamais permis à l'opinion de s'égarer longtemps. Si l'opposition d'une autre époque s'est orgueilleusement, en effet, attribué la garde exclusive du *dépôt sacré*, c'est en s'appuyant du moins sur ces passions généreuses dont le feu semble éteint aujourd'hui sous le souffle d'une opposition doctrinaire et systématique qui fait involontairement comprendre que Rome ait pu délibérer encore quand les barbares étaient à ses portes.

Quelle place dans la mémoire du peuple pouvait cependant être prise de nos jours par cet *historien national* dont l'autorité était si bien faite pour réveiller la France, mais qui, devant l'incendie, a pu contenir le patriotisme en ne lui montrant la sagesse que dans l'attente de l'eau du ciel pour éteindre le feu !

« Comme l'opérateur qui fouille et retourne impitoyablement les plaies, cet homme d'État, le scalpel de l'analyse d'une main, n'en faisait-il pas, en effet, toucher toute la profondeur, pendant que, de l'autre, il n'offrait, pour combattre le mal, que le narcotique dissolvant des sophismes les plus spécieux? Triste consécration d'un immense talent, capable, pour accabler la tête seule sous le poids des faits accomplis, de procurer au corps cette insensibilité artificielle qui paralyse la douleur en endormant les sens (1) ! »

Ah ! en présence de ces luttes sans grandeur que la poussière de l'histoire couvrira d'un oubli mérité, portons plutôt les yeux vers ce temps où les *Foy* et les *Lamarque* occupaient la tribune politique, où *Béranger* jetait à la jeunesse ses refrains populaires, pendant que le pinceau d'*Horace Vernet* rappelait aux yeux de tous les grandeurs de la vie militaire.

Louis XIV, lui aussi, connut l'insomnie des angoisses patriotiques.

Dans l'un des sombres jours de son règne, le salut de la France ne reposait plus que sur une seule armée que *Villars* hésitait à engager. « *N'importe, livrez la bataille*, répondit Louis XIV. *Si vous la perdiez, vous l'écririez à moi seul. Alors je monterais à cheval, je passerais par Paris, votre lettre à la main. Je* CONNAIS LES FRANÇAIS, *je vous amènerais deux cent mille hommes pour vaincre ou m'ensevelir avec eux sous les débris de la monarchie.* » Il avait alors soixante-quatorze ans.

L'armée répondit par *Denain*. Villars n'avait dit aux soldats que ces mots : « *Enfants, la mort est devant nous, mais la honte est derrière.* »

Tel a été le peuple de France ; tels ont été les monarques qui, *le connaissant*, lui ont dû leur grandeur ; tels sont les souvenirs que la génération actuelle doit saluer avec un respectueux orgueil, en se retrouvant

____

(1) Thiers, discours du 14 et du 18 mars 1867.

dans ce passé, dont elle peut encore égaler mais non surpasser l'éclat. La majesté du silence des morts a souvent été l'inspiratrice des résolutions viriles des vivants. Mais c'est en présence des mausolées de nos grands hommes, des lieux, surtout, témoins de nos désastres, que le patriotisme ému peut affirmer qu'en France l'honneur et l'amour de la gloire, semblables au phénix, renaissent toujours de leurs cendres.

Ces retours historiques sont de ceux qui font plus rapidement circuler le sang dans les veines de la patrie, et les enseignements qu'ils n'empruntent qu'aux faits sont dignes, aujourd'hui surtout, des méditations du Souverain et des assemblées. Quant au peuple, il sait que dans la vie des nations il est des échéances solennelles où la conservation de la grandeur conquise réclame des générations leur part de sacrifices. Cette voix des pressentiments universels, qui ne sont souvent que les événements écrits, l'avertit déjà que cette échéance est proche, et l'écroulement de l'édifice d'une paix aigrie le trouvera prêt.

En résumé,

La rupture des traditions conservées depuis trois siècles dans les glorieuses archives de notre politique étrangère, — l'essor, sans limites comme sans contrepoids, donné aux intérêts matériels : telles ont été les conséquences inattendues du programme originel « *l'Empire, c'est la paix* ».

Cette situation nouvelle n'a qu'une gravité relative pour un peuple dont le génie très-élastique n'excelle cependant que dans la guerre, et qui, bientôt oublieux des mots et des chiffres, possède au plus haut degré la mémoire de l'idée. Mais, pour le gouvernement impérial, l'heure a toute la solennité des grandes crises, et l'oubli des angoisses patriotiques serait aussi dangereux pour lui que pourrait l'être la fausse indication du temps donnée par une aiguille qu'un mécanisme dérangé continuerait cependant à faire marcher. Empereurs ou Rois, tous les hommes d'ailleurs traversent cette nuit épaisse du jardin des Oliviers ; mais si ceux qui succombent n'étaient pas dignes de vaincre, les forts sortent victorieusement de l'épreuve, grandis et éclairés sur les dangers de la route.

La politique est la science abstraite qui offre le champ le plus vaste aux controverses. Mais, si la politique d'atermoiements l'emporte dans les conseils de la couronne, la France et la dynastie, condamnées toutes deux à ne plus choisir ni leur jour ni leur terrain, restent exposées aux plus redoutables éventualités.

Les mois, les années même ne sont rien dans la vie des nations ; mais le sang et les sacrifices des enfants ont chèrement payé, souvent, les heures perdues par les pères.

Qu'on ne s'illusionne pas : si la France n'entre pas

résolûment dès aujourd'hui dans la lice, la Prusse l'atta-
quera la première, ne fût-ce que pour sceller avec *ce
puissant ciment historique qui est le sang* la réunion de tous
ses membres (1).

Soutenir que la guerre immédiate est le seul moyen
de précipiter cette union, c'est le paradoxe le plus spécieux mis au service d'une politique fataliste, d'une
politique de quiétude qui s'endort, mais sous l'ombrage
du mancenillier. Aujourd'hui les élections de la *Bavière*
et du *Wurtemberg*, le *Hanovre* et DARMSTADT, sont encore
les jalons qui peuvent guider notre action : demain sera
l'inconnu avec les canons de *Mayence,* de *Rastadt* et de
Trèves pour l'éclairer. La Providence seule connaît d'ailleurs les limites que peut atteindre cette restauration
de l'Empire germanique, hautement poursuivie par la
Prusse (2). L'empire-royaume Autriche-Hongrie est, en
effet, pris aujourd'hui dans le mécanisme à rouages com-
pliqués d'un système gouvernemental dont les fruits,
pour la famille de Habsbourg, peuvent devenir bien
autrement amers que ceux de Sadowa. L'altière devise
« *Austriæ est imperare orbi universo* » n'est plus que l'épi-
taphe de la grandeur disparue; mais pour la France,
le poids de l'alliance autrichienne comme l'avenir, peut-

(1) Aux fêtes de *Kiel* un député bavarois (M. Seep) n'a-t-il pas déjà
demandé la guerre pour achever l'unité de l'Allemagne et la conso-
lider ?

(2) Les paroles prononcées dans le Parlement par le général de
Moltke, au sujet de Kiel et de la marine, sont, en effet, de nature à
dessiller les yeux de l'optimisme le plus aveugle.

être, de cette monarchie, reposent aujourd'hui sur la rapidité des décisions.

Essayer enfin de défendre au nom des *intérêts de la France* les victoires de la diplomatie étrangère, c'est vouloir obstinément lutter contre l'évidence et contre un sentiment public que la seule pompe des mots ne saurait désormais tromper.

Le gouvernement est enserré dans un dilemme d'un autre ordre, mais qui n'est pas moins grave.

Pour avoir seulement satisfait au nécessaire, le budget de la guerre, ce budget de l'honneur national, a été l'objet d'attaques passionnées. Mais, si le gouvernement victorieux, non sans blessures, a gagné péniblement une année, quelle force nouvelle cette année lui apportera-t-elle d'abord? dans quelle attitude, ensuite, se présentera-t-il devant cette même chambre, qu'inquiétera la voix, si proche alors, du suffrage universel?

Sans analyser les conséquences de l'antagonisme qui pourrait naître, la seule logique fixe à cette dernière rencontre des pouvoirs publics la date probable du désarmement.

Alors, en face des questions encore debout et menaçantes, la flèche ne sera pas partie, l'arc ne sera pas brisé, mais sa longue tension en aura affaibli tous les ressorts, et le patriotisme, énervé, cherchera vainement sa voie dans la nuit faite autour de lui.

La seule immobilité de la politique prussienne aura donc amené ce grand résultat, de forcer la France à rentrer sous la tente, pour y panser ces blessures sans gloire qui naissent des luttes intestines, des intérêts froissés, de l'orgueil humilié !

Si le capital, en créant une féodalité nouvelle, a pris désormais dans le temple la place de la sainte idole de l'honneur national, que l'on brûle alors devant le nouveau dieu les archives de notre histoire depuis François Ier, et que le culte nouveau ne soit pas du moins célébré avec la mise en scène d'un passé qui n'est plus la religion nationale. — Ce n'est pas un homme de guerre, mais un illustre apôtre de la paix qui a dit : « La guerre est souvent un bain salutaire où se retrempent et se régénèrent les nations. » Cette sentence de BOSSUET pourrait alors être méditée par la France contemporaine et lui rappeler qu'il vaut mieux être même vaincue que de succomber à sa propre défaillance. Les transactions et la paix sont assurément de fort belles choses dans leur légitime domaine, mais, appliquées aux questions de principes et de dignité, elles ne sont que des pastiches de l'indifférence et du scepticisme, et deviennent trop souvent ainsi les conquêtes de la petite patrie sur la grande. Mais non, il n'en saurait être ainsi, et si la politique française est sous le coup d'une éclipse passagère, c'est qu'elle est enlacée dans les doctrines semées par elle-même (1), et que pour briser ces liens ce n'est pas la force qui lui manque, mais seulement le courage.

(1) Principes de non-intervention, de nationalités, de grandes agglomérations.

Entre le recueillement et l'action, il n'y a plus pour l'Empire que l'espoir d'un retour inespéré de la Prusse à des sentiments de justice, de reconnaissance même. Mais cette situation de colosse, qui, un pied dans la guerre, l'autre dans la paix, regarde couler les événements, ne saurait être plus longtemps sans dangers l'attitude de la France, pays d'action par excellence.

Notre patrie, d'ailleurs, possède une rare puissance d'entraînement vis-à-vis des causes opprimées; elle est le pays des longs sommeils et des réveils subits, et la diane d'une aube réparatrice est aujourd'hui sonnée pour elle par la tradition et le devoir.

A la diplomatie donc à commencer l'œuvre en frayant la route, mais aux tambours battants, sans hésiter, l'héritage de son impuissance!.....

5751. — PARIS, IMPRIMERIE JOUAUST, RUE SAINT-HONORÉ, 338.